I0158941

www.ingramcontent.com/pod-product-compliance
Lightning Source LLC
Chambersburg PA
CBHW060552030426
42337CB00019B/3529

* 9 7 8 1 7 8 2 6 3 4 3 7 9 *

الصلاة من أجل الحكومة

«فَإذَا تَوَاضَعَ شَعْبِي الَّذِينَ دُعِيَ اسْمِي عَلَيْهِمْ وَصَلُّوا وَطَلَبُوا وَجْهِي وَرَجَعُوا عَنْ طُرُقِهِم الرَّدِيئَة فَإنِّي أَسْمَعُ مِنَ السَّمَاءِ وَأَغْفِرُ خَطِيَّتَهُمْ وَأُبْرِئُ أَرْضَهُمْ». (٢ أخبار الأيام ٧: ١٤).

ديريك برنس

١٩٧٠ خدمات ديريك برنس الدولية

نُشرت هذه الرسالة لأول مرة في مجلة «الخمر الجديدة»

الصلاة من أجل الحكومة

Originally published in English under the title
Praying for the Government
978-1-78263-437-9

Copyright © 1970 Derek Prince Ministries - International.
All rights reserved.

المـــؤلـــــف : ديريك برنس
الـنــــا شـــــر : المؤسسة الدولية للخدمات الاعلامية ت: +٢٠ ١٠٠ ٨٥٥ ٩٨٨٩
المطبعـــــــة : مطبعة سان مارك ت: +٢٠٢ ٢٣٤١٨٨٦١
التجهيـز الفنـــي : جي سي سنتر ت: +٢٠٢ ٢٦٣٧٣٦٨٦
الموقع الالكتروني : www.dpmarabic.com
البريـد الالكترونـي : sales@dpmarabic.com
رقـــم الايـــداع : ٢٠١٤/٣١٨٨
التـرقيـم الـدولـي : 978 - 977 - 6194 - 30 - 4

Arabic Printing I 2014 . Copies 10000
Derek Prince Ministries - International
P.O. Box 19501
Charlotte, North Carolina 28219 - 9501
USA
Translation is published by permission

Copyright © 2013 Derek Prince Ministries - International

www.derekprince.com

DPM

المحتويات

الصلاة من أجل الحكومة

عمل الكنيسة كملح للأرض ـ وعد الرب بشفاء أرضنا ـ شروط الله الأربعة ـ واجبنا الكتابي أن نصلي من أجل حكومة صالحة ـ تدخل حاسم في العالم الروحي ـ من سيقف في الثغر؟

هناك طرق متنوعة تستطيع الكنيسة من خلالها أن تمارس سلطانها في العالم بفاعلية. أنا أقترح أربعة طرق وهي: الصلاة والشهادة والكرازة وعمل الخير. هذه هي الطرق الأساسية التي من خلالها ينتظر الله الكنيسة أن تمارس تأثيرها.

يريد الله الكنيسة أن تمارس سلطاناً مؤثراً في أمور هذا العالم من خلال الصلاة وهذا مذكور بوضوح في الكتاب المقدس. إذا أخفقت الكنيسة في ذلك، تصبح ملحا فَقَدَ ملوحته.

يقول الكتاب المقدس في ٢أخبار الأيام ٧: ١٤ «**فَإِذَا تَوَاضَعَ شَعْبِي الَّذِينَ دُعِيَ اسْمِي عَلَيْهِمْ وَصَلُّوا وَطَلَبُوا وَجْهِي وَرَجَعُوا عَنْ طُرُقِهِم الرَّدِيئَةِ فَإِنِّي أَسْمَعُ مِنَ السَّمَاءِ وَأَغْفِرُ خَطِيَّتَهُمْ وَأُبْرِئُ أَرْضَهُمْ**». كان هذا إعلاناً من الرب لسليمان بعد أن كرس الهيكل. قد يكون للبعض منكم رأي بأن هذا كلام الرب لسليمان منذ زمن بعيد في العهد القديم ولا يعني

الكثير بالنسبة لنا في هذه الأيام. دعوني أتناول هذا الاعتراض باختصار.

في ٢كورنثوس ١: ٢٠ نقرأ: «**لأَنْ مَهْمَا كَانَتْ مَوَاعِيدُ اللهِ فَهُوَ فِيهِ النَّعَمْ وَفِيهِ الآمِينُ، لِمَجْدِ اللهِ، بِوَاسِطَتِنَا**». ليس بعض المواعيد لكن جميع المواعيد! («جميع» أو «كل» ترد في الترجمة العربية المشتركة والترجمة الكاثوليكية والترجمة البوليسية) لم يقل الكتاب كانت فيه أو ستكون فيه بل هي فيه! ليس فقط نَّعَمْ، بل إن كنت متشككا فهي نَّعَمْ وَ آمِينُ! وَفِيهِ [في المسيح] الآمِينُ، لَمَجْدِ الله، بِوَاسِطَتِنَا. بواسطتنا تشمل كل المؤمنين ومن بينهم أنت وأنا! كيف نمجد الله؟ بأن نمتلك وعوده! كلما امتلكنا من وعود الله أكثر، كلما مجدنا الله أكثر. كل وعود الله متاحة لنا اليوم في المسيح.

بالعودة إلى الوعد في ٢أخبار الأيام ٧: ١٤، أظن أنك ترى كيف يشير هذا الوعد لك ولي اليوم! يقول الرب، «**شَعْبِي الَّذِينَ دُعِيَ اسْمِي عَلَيْهِمْ**». إن شعب الرب هم من دُعي اسمه عليهم. إن كنت مؤمناً، هذا يعني أن اسم المسيح قد دُعي عليك وأنك مرتبط باسم المسيح. أنت تتميز كمسيحي، باسم المسيح. لذا فإن هذا الوعد ينطبق على المؤمنين، شعب الرب الذين دُعي اسم المسيح عليهم.

يقول الله إنه سيعمل ثلاثة أمور إن عمل شعبه أربعة. لا بد

أن يعمل شعب الله أربعة أمور أولاً ، قبل أن يقوم الله بالثلاثة التي يلتزم بها. إنه وعد مشروط. فالله لا يقول إنه سيفعل تلك الأمور بلا شروط لكنه يقول، «**إذا أوفي شعبي بالشروط فسوف أفعل هذه الأمور**».

بالنظر إلى آخر الآية نجد أن آخر شيء سيعمله الله لشعبه هو أن يشفي أرضهم. من الواضح أنها الأرض التي يعيشون فيها. يقول الله إنه في متناول يد شعبه أن يفعلوا أموراً تتسبب في أن يشفي الله الأرض التي يعيشون فيها. انظروا إلى الأرض التي نعيش فيها. هل تحتاج إلى شفاء؟ هناك إجابة واحدة. *نعم!* والحقيقة إن احتياج الأرض إلى الشفاء يشير إلى إخفاق شعب الله في أن يعملوا ما قال الله لهم أن يعملوا. إن المسؤولية علينا ـ ليست على مدمن المخدرات أو المرأة الزانية أو الرجل الذي لا يدخل كنيسة ـ المسؤولية على الذين دُعي اسم المسيح عليهم!

إن كانت أرضنا لا تتمتع بالشفاء، فهناك سبب واحد لذلك وهو إننا لم نفعل الأمور التي طالب الله بها. أنا أؤمن أن هذه هي الحقيقة. وهي طريقة أخرى للتعبير عما قاله يسوع في (متى ٥: ١٣) : «**أَنْتُمْ مِلْحُ الأَرْضِ، وَلكِنْ إِنْ فَسَدَ الْمِلْحُ فَبِمَاذَا يُمَلَّحِ؟ لاَ يَصْلُحُ بَعْدُ لِشَيْءٍ، إِلاَّ لأَنْ يُطْرَحَ خَارِجًا وَيُدَاسَ مِنَ النَّاسِ**». إذا كانت أرضنا لا تُشفى بوجودنا فيها، إذاً فقدَ ملحنا ملوحته.

ماذا يفعل الملح؟ أول كل شيء، هو يعطي طعماً. بينما نحن موجودون في الأرض، نحن نعطيها طعماً في نظر الله. بتعبير آخر، الله يقبل العالم بسبب المؤمنين. يتعامل الله مع العالم بالنعمة والرحمة، بدلا من الغضب والقضاء بسبب وجودنا.

أنا موقن تماماً أن وجودي له تأثير. أنا اكتشفت ذلك في الحرب العالمية الثانية. الجنود كانوا أكثر أماناً حيث أكون. كان الجنود الغير مؤمنين يَعون ذلك. حين كنا في ظروف بالغة الصعوبة في صحراء شمال أفريقيا، كان بعض هؤلاء الجنود المجدفين يأتون إليَّ قائلين: «**جنرال بِرنس، نحن سعداء أنك هنا**». ماذا قال إليشع لإيليا؟ «**يَا أَبِي، يَا أَبِي، مَرْكَبَةَ إِسْرَائِيلَ وَفُرْسَانَهَا**» (٢ملوك ٢: ١٢). أين كانوا؟ حول الأنبياء وليس حول الملوك.

نحن حماية الوطن. نحن حصن أيِ بلد نكون فيه. لاحظ مثال سدوم. قال إبراهيم لله، «**عَسَى أَنْ يُوجَدَ هُنَاكَ عَشَرَةٌ رجال أبرار ألا تصفح عن المدينة؟**» قال الله، «**نعم**» لكنه لم يستطع أن ينقذ المدينة لأنه لم يجد عشرة أبرار. أنا لا أعرف كم عدد الناس الذين كانوا في سدوم لكني أعلم أنه بإمكاننا تطبيق نفس النسبة. إن كان بإمكان عشرة رجال أن ينقذوا مدينة بحجم سدوم، فمئة رجل يمكنهم أن ينقذوا مدينة عشرة أضعاف حجم سدوم. وألف رجل بإمكانهم أن ينقذوا مدينة مئة ضعف حجم سدوم وهكذا بنفس النسبة. أنا أشعر بالأسف

تجاه الأرض حين ترحل الكنيسة عنها. لن يكون هناك ملح. فينصب الغضب والقضاء بلا حدود أو قيود. لكن بينما نحن هنا، فنحن ملح الأرض.

الملح أيضاً يحفظ، هو يوقف الفساد. في الأيام التي سبقت اختراع الثلاجات، كان اللحم يُحفظ بالملح فكان يحفظه من الفساد. لماذا نحن هنا؟ لكي نوقف الفساد، الفساد بكل أنواعه: الأخلاقي والاجتماعي والسياسي. طيلة وجودنا هنا، نفعل ذلك. قال يسوع، «**وَلكِنْ إِنْ فَسَدَ الْمِلْحُ فَبِمَاذَا يُمَلَّحُ؟ لاَ يَصْلُحُ بَعْدُ لِشَيْءٍ، إِلاَّ لأَنْ يُطْرَحَ خَارِجًا وَيُدَاسَ مِنَ النَّاسِ**». حين تكف الكنيسة عن إتمام دورها كملح تُطْرَحَ خَارِجًا وَتُدَاسَ مِنَ النَّاسِ. هؤلاء الناس الذين يدوسونها قد يكونوا شيوعيين، أو نازيين، أو أتباع أي مذهب آخر لم يظهر في الأفق بعد. لكن الناس ستدوس الكنيسة التي لا تقوم بدورها كملح في الأرض.

ما هي الأشياء التي يطلب الله من شعبه أن يعملها؟ أولاً، «**يتَوَاضَعَ شَعْبِي**». هذا أصعب أمر يقوم به المتدينون. وهنا أنا لا أمزح بل أتكلم بمنتهى الجدية. تسمع البعض يقولون، «**يا رب اجعلني متضعاً**». لكن الرب لم يقل هذا أبداً. هو قال «**تَوَاضَعوا**» ولم يقل، «**سوف أفعل ذلك لكم**». الله لا يمكنه أن يجعلك متضعاً. هو يستطيع أن يذلك وقد يضطر إلى ذلك، لكن الشخص الوحيد الذي بإمكانه أن يجعلك متضعا هو أنت

ذاتك. الاتضاع يأتي من الداخل كعمل إرادي ولا يمكن أن يأتي بأي طريقة أخرى. إن لم تختار أن تتضع، قد تُذل في التراب وتبقى متكبراً كالطاووس.

الشرط الأول هو أن تتواضع وتُخضع ذاتك لله. إن كنا خاضعين لله، سوف نكون أيضاً خاضعين لكلمته وسلطانه. من السهل أن تقول إنك خاضع لله لكن كلمة الله تقول: «**خَاضعينَ بَعْضُكُمْ لِبَعْضٍ... أَيُّهَا النِّسَاءُ، اخْضَعْنَ لِرِجَالِكُنَّ... أَيها الأولاد، أَطِيعُوا وَالِدِيكُمْ**» (أفسس ٥: ٢١- ٢٢؛ ٦: ١). هنا نجد الصعوبة. كثيرون يدَّعون أنهم خاضعون لله لكن حين يأتي الاختبار في خضوعهم لآخرين، يتضح أنهم ليسوا خاضعين.

إن كنت تتضع، لا بد أن تكون أنت الفاعل. من آن لآخر يحسن بك أن تسجد بوجهك على الأرض أمام الله. هل فعلت ذلك من قبل؟ قل، «**ها أنا يا رب وها هو مكاني الطبيعي! أنا دودة. من التراب أتيت والتراب مكاني**». هل تظن أن هذا تطرف؟ اقرأ الكتاب المقدس وانظر عدد الرجال الذين نزلوا على وجوههم على الأرض أمام الله: إبراهيم، موسى، داود، دانيال. في الواقع، ولا واحد من القديسين العظماء المكتوب عنهم في الكتاب المقدس إلا وسجد بوجهه على الأرض. إن كان هذا مكاناً صحيحاً لموسى وداود ودانيال وغيرهم، لا أظنه أدنى من مستواك أن تكون هناك أيضاً.

الخطوة الأولى: «فَإِذَا تَوَاضَعَ شَعْبِي الَّذِينَ دُعِيَ اسْمِي عَلَيْهِمْ». هذه هي ولا يمكنك تخطيها. فالرب أعد خطته على درجات، الأولى، الثانية، الثالثة، والرابعة. إن لم تنجح في الدرجة الأولى، لا يمكنك الوصول للدرجة الثانية. لا مانع من أن تعيد الدرجة الأولى عشر مرات متتالية وإلا لن تنتقل إلى الثانية. ولهذا بقي البعض منكم طويلاً في نفس الدرجة. لا تفكر وتقول، «يا رب لقد أخفقت في الخطوة الأولى ولكني سأنجح في الثانية. دعني أتجاوز هذه وسأنجح في التالية». لا! هذا لن ينفع!

الخطوة الثانية: هي الصلاة. «فَإِذَا تَوَاضَعَ شَعْبِي الَّذِينَ دُعِيَ اسْمِي عَلَيْهِمْ وَصَلُّوا» لا تبدأ في الصلاة حتى تتضع. الاتضاع يأتي قبل الصلاة.

الخطوة الثالثة: «صَلُّوا وَطَلَبُوا وَجْهِي» هي طلب وجه الرب. ماذا يعني ذلك؟ أفهم أن ذلك يعني الذهاب مباشرة إلى محضر الله العلي ـ حيث كل مانع وكل عائق يُزال وتكون وجهاً لوجه مع الله العلي. قد تكون في اجتماع صلاة لكن هذا لا يعني أنك بالضرورة تطلب وجه الرب.

أتى شاب إليَّ ذات مرة طالباً معمودية الروح القدس. كان مرسل للشباب في إحدى الكنائس. قلت له إنه يمكنني مقابلته يوم الأربعاء مساءاً. قال لي إنه لا بد له من حضور اجتماع للصلاة ذلك المساء. قلت له، «إذاً هذا الميعاد ليس

مناسب لك» قال، «لا بل مناسب. فنحن نصلي من الثامنة حتى التاسعة». هذا اجتماع للصلاة ولكنه ليس لطلب وجه الرب. حين تطلب وجه الرب، لا تتوقف حتى تكون في محضر الرب ـ حتى إذا بقيت من أجل هذا طوال الليل. هناك صلوات كثيرة ليست طلباً لوجه الرب، فهي تنتهي قبل الاتصال المباشر بالله.

الخطوة الرابعة: «**رَجَعُوا عَنْ طُرُقِهِم الرَّدِيئَةِ**» من هم هؤلاء؟ هل هم السكارى والشباب الذين لا يذهبون إلى الكنيسة؟ لا بل المؤمنين... شعب الله! عائق النهضة موجود داخل الكنيسة وليس خارجها. لم يكن أبداً خارجها.

أتعرف أين يبدأ القضاء؟ من بيت الله. يقول بطرس، «**لأَنَّهُ الْوَقْتُ لابْتِدَاءِ الْقَضَاءِ مِنْ بَيْتِ اللهِ**» (١بطرس ٤: ١٧). ولكي يوضح كلامه أكثر يضيف قائلاً: «**أَوَّلاً مِنَّا**» ثم يسأل «**مَا هِيَ نِهَايَةُ الَّذِينَ لاَ يُطِيعُونَ إِنْجِيلَ اللهِ؟**» فقد كان الله يتصرف دائماً بهذه الطريقة، يبدأ بالناس الذين يعرفون أكثر. «**فَكُلُّ مَنْ أُعْطِيَ كَثِيرًا يُطْلَبُ مِنْهُ كَثِيرٌ**» (لوقا ١٢: ٤٨). قد تقول، «يا أخ برنس، أنا لا أسير في طرق ردية». فأجيبك، «أنت لم تقترب من الله بالقدر الذي يجعلك ترى جلياً. لو كنت دخلت في محضر الرب لكنت رأيت طرقك الردية. فمجرد قولك بأنك لا تسير في طرق ردية يبين كم أنت بعيد عن الله».

بعد هذه الأربع خطوات يقول الله، «**أَسْمَعُ مِنَ السَّمَاءِ**» لم يُلزم الرب نفسه بأن يسمع كل صلاة. هل كنت تعرف ذلك؟ أنا مقتنع أنه في بعض الكنائس لا ترتفع الصلوات إلى أعلى من سقف الكنيسة. لم يُلزم الرب نفسه بأن يسمع كل صلاة. في الواقع يقول الله، «**وَإِنْ كُنَّا نَعْلَمُ أَنَّهُ مَهْمَا طَلَبْنَا يَسْمَعُ لَنَا، نَعْلَمُ أَنَّ لَنَا الطِّلبَاتِ الَّتِي طَلَبْنَاهَا مِنْهُ**» (١يوحنا ٥: ١٥). الصعوبة هنا ليست في أن يجيب الله بل أن يسمع الله.

«**فَإِنِّي أَسْمَعُ مِنَ السَّمَاءِ وَأَغْفِرُ خَطِيَّتَهُمْ**» خطية من؟ هل خطية الزانية ومدمن المخدرات؟ لا بل خطية *الكنيسة!*

«**وَأُبْرِئُ أَرْضَهُمْ**» بالنسبة إليَّ، الأمر في منتهى الوضوح. إن كانت الأرض لا تتمتع بالشفاء فالمشكلة هي عند شعب الله. أنا فكرت في ذلك وصليت به وتأملت فيه. المسؤولية عن الحالة التي وصلت إليها أمريكا الآن هي على الكنيسة. أنا أؤمن أن هذه هي الحقيقة. إذا كانت أرضنا لا تتمتع بالشفاء فالمسؤولية علينا نحن. أنا أشترك في هذه المسؤولية معكم. أنا لا أقول شيء لكم ولا ينطبق عليَّ أنا أيضاً.

الشفاء بالصلاة

كيف يأتي الشفاء؟ سوف أكلمكم عن الصلاة وأبني تعليمي على أول أربع آيات من تيموثاوس الأولى الأصحاح الثاني:

- «فَأَطْلُبُ أَوَّلَ كُلِّ شَيْءٍ، أَنْ تُقَامَ طَلِبَاتٌ وَصَلَوَاتٌ وَابْتِهَالاَتٌ وَتَشَكُّرَاتٌ لأَجْلِ جَمِيعِ النَّاسِ».
- «لأَجْلِ الْمُلُوكِ وَجَمِيعِ الَّذِينَ هُمْ فِي مَنْصِبٍ، لِكَيْ نَقْضِيَ حَيَاةً مُطْمَئِنَّةً هَادِئَةً فِي كُلِّ تَقْوَى وَوَقَارٍ».
- «لأَنَّ هذَا حَسَنٌ وَمَقْبُولٌ لَدَى مُخَلِّصِنَا اللهِ».
- «الَّذِي يُرِيدُ أَنَّ جَمِيعَ النَّاسِ يَخْلُصُونَ، وَإِلَى مَعْرِفَةِ الْحَقِّ يُقْبِلُونَ».

لنتأمل هذه الكلمات

يقول بولس: « **أَوَّلَ كُلِّ شَيْءٍ،** ***صلوا!***» إذا أهملت الصلاة، قد تكون لك كل أنواع الخططً والنظم والبرامج ولكن ليس لك القوة لتشغيلها مثل مبنى فيه كل التوصيلات الكهربائية لكنه غير متصل بمصدر الطاقة. لا شيء سيعمل. قد تكون الأسلاك جيدة جداً ووحدات الإضاءة عالية الجودة لكنك لن تحصل على نتائج بدون كهرباء. إن مصدرِ الطاقة للكنيسة هو الصلاة، ويقول بولس بمنطقية شديدة، «**أَوَّلَ كُلِّ شَيْءٍ، صلوا!**».

وماذا يحثنا أن نصلي لأجله؟ أولا، «**الْمُلُوكِ وَجَمِيعِ الَّذِينَ هُمْ فِي مَنْصِبٍ**». أعلم بالخبرة أن معظم المسيحيين يندر بهم أن يصَلوا مـن أجل الذين هم في منصب فكم بالحري أن يصلوا لهم أولاً. هناك بعض الكنائس فى كتب صلواتهم بها صلاة من أجل الذين في السلطة وهذا شيء جيد. لكن أقول لكم شيئا آخر من الخبرة الشخصية، إن ترديد صلاة أمر يختلف عن أن تصلي بالفعل. إنهما أمران مختلفان. كثير من الناس يرددون صلوات من كتب صلاة وبعدها بخمس دقائق لو سألتهم ماذا قالوا، سوف لا يتذكرون، لأنها صلاة تأدية واجب.

ما هو موضوع الصلاة الأول؟ «**الَّذِينَ هُمْ فِي مَنْصِبٍ**»،

الرئيس، أعضاء مجلس النواب، النواب، المحافظين، العُمد، رجال البوليس، *كلهم*. هل تصلي من أجلهم؟ متى آخر مرة صليت للرئيس؟ ماذا فعلت في آخر مرة ذكرتهم، انتقدت أم صليت؟ إن كنت تصلي من أجل الذين في منصب فسيقل ما تجده للإنتقاد. الرب لم يدعُك للإنتقاد بل للصلاة. إن كنت لا تصلي فأنت عاصي. أنا في الأصل إنجليزي ومع هذا أصلي للرئيس تقريباً كل يوم. تشهد زوجتي بذلك. نحن نصلي معاً، ويندر أن يمر يوم دون أن نصلي من أجل قائد هذه الأمة العظيمة. أنا متأكد إنه يحتاج للصلاة، وأظن أن رئيسكم أيضاً يعلم أنه يحتاج للصلاة.

ماذا نصلي فيما يخص الذين في منصب؟ إنها من أكثر الصلوات منطقية في الكتاب المقدس. في الجزء الثاني من عدد الثاني مكتوب «**لِكَيْ نَقْضِيَ حَيَاةً مُطْمَئِنَّةً هَادِئَةً فِي كُلِّ تَقْوَى وَوَقَـارٍ**» في كلمة واحدة «**من أجل حكومة صالحة**». ألا توافقني على ذلك؟ إن كنا نريد أن نحيا حياة مطمئنة هادئة في كل تقوى ووقار، لا بد أن يكون لنا حكومة صالحة.

يستطرد بولس في عدد الثالث قائلا، «**لأَنَّ هذَا حَسَنٌ وَمَقْبُولٌ لَدَى مُخَلِّصِنَا اللهِ**» إلى ماذا يشير اسم الإشارة «**هذا**؟» إلى الجزء السابق في الجملة، «**لِكَيْ نَقْضِيَ حَيَاةً مُطْمَئِنَّةً هَادِئَةً فِي كُلِّ تَقْوَى وَوَقَارٍ**» باختصار، «**أن تكون لنا حكومة صالحة**».

لماذا يريد الله هدوءاً ونظاماً وحكومة صالحة؟ لسبب واقعي وعملي: لأنه يريد أن جميع الناس يخلصون وإلى معرفة الحق يُقبلون. في أي ظروف يتيسر أن يصل الحق إلى كل البشر؟ تحت حكومة عادلة غير منحازة تحفظ القانون والنظام والحريات المدنية. تحت أي نوع من الحكومات يسهل وصول الحق لكل البشر؟ أي شخص عاقل سوف يقول: تحت حكومة صالحة. لهذا يريد الله الحكومات الصالحة لأنها تنشر الإنجيل، وهذه هي مشيئته وتدبيره الإلهي. هذا أمر سهل وغير معقد، إنه عملي ومعقول.

دعوني أقولها ثانية! يقول الكتاب المقدس: أول كل شيء في العمل المسيحي ـ صلوا. وأول موضوع في الصلاة هو كل الذين في سلطة. لمَ نصلي؟ لكي نقضي حياة مطمئنة هادئة في تقوى ووقار. لماذَا نصلي هكذا؟ لأن هذا يساعد على نشر الإنجيل. هل هذا منطقي؟ هل أقنعتكم؟ بالنسبة لي هذا شيء بسيط ومنطقي جداً، ليس سراً خفياً. نشكر الرب أن الخفيات تظهر في نور كلمة الله! إنه أمر بسيط وعملي وسهل وفعال. أنا أؤمن أنها إرادة الله أن تكون لنا حكومات صالحة. دعونا لا نتكلم عن بلاد وأمم أخرى. دعونا نركز على هذا البلد فقط، فإن إرادة الله أن تكون للولايات المتحدة حكومة صالحة.

ماذا يقول الكتاب المقدس إنه سيحدث إن صلينا من أجل

أمور في مشيئة **الله**؟ تخبرنا رسالة يوحنا الأولى ٥: ١٤- ١٥: **«وَهَذِه هِيَ الثِّقَةُ الَّتي لَنَا عِنْدَهُ: أَنَّهُ إِنْ طَلَبْنَا شَيْئاً حَسَبَ مَشيئَتِه يَسْمَعُ لَنَا. وَإِنْ كُنَّا نَعْلَمُ أَنَّهُ مَهْمَا طَلَبْنَا يَسْمَعُ لَنَا، نَعْلَمُ أَنَّ لَنَا الطِّلْبَاتِ الَّتِي طَلَبْنَاهَا مِنْهُ»**. بتعبير آخر، إن كنت تعلم أنك تصلي بحسب مشيئة الله، لذا أنت تعلم أن الله يسمعك وإن كنت تعلم أن الله يسمعك، تعلم أنه يعطيك ما طلبت. إن كانت مشيئة الله لهذا البلد أن تكون له حكومة صالحة، وإن كنا نصلي من أجل حكومة صالحة عالمين إنها مشيئة الله، نعلم إنه يسمعنا؛ وإن كنا نعلم إنه يسمعنا، نعلم أن لنا ما طلبنا. إن كانت لنا حكومة غير صالحة، ما السبب إذاً؟ لم يستوفِ شعب الله الشروط ولم يصلوا.

عامة، يمكنك القول بأن المؤمنين يعيشون في ظل الحكومات التي يستحقونها. يوجد عامل زمني. هذا لا يحدث فوراً ولكن عموماً، المؤمنون مسؤولون عن نوع الحكومة التي يعيشون في ظلها. إن كنت تصرف وقتاً أطول في الصلاة بدل الانتقاد، فسيقل ما تنتقده!

يوجد سبب كتابي مؤكد لهذا. لماذا يكون شعب الله مسؤولاً؟ لأننا الوحيدون الذين لديهم الوسيلة لتحقيق نتائج فعالة. **«فَإِنَّ مُصَارَعَتَنَا لَيْسَتْ مَعَ دَمٍ وَلَحْمٍ، بَلْ مَعَ الرُّؤَسَاءِ، مَعَ السَّلاَطِينِ، مَعَ وُلاَةِ الْعَالَمِ، عَلَى ظُلْمَةِ هَذَا الدَّهْرِ، مَعَ**

أَجْنَادِ الشَّرِّ الرُّوحِيَّةِ في السَّمَاوِيَّاتِ» (أفسس ٦: ١٢). يقول بولس، «**مُصَارَعَتَنَا لَيست**. . .» البعض يفهم ذلك بأنه ليست لنا مصارعات! لكن ليس هذا ما يقوله بولس. بولس يقول «**إننا نصارع، ولكن ليس مع دم ولحم**». كان بولس يستمد هذا التشبيه من الألعاب الأوليمبية القديمة. يتفق المؤرخون أنه من بين كل الألعاب الأوليمبية، فان المصارعة تحتاج متطلبات أعظم من الذين يشتركون فيها، وأفضل تشبيه لخبرتنا في الإيمان هو مباراة المصارعة. في المصارعة لا يوجد أى استثناء، أي أن كل جزء من كيانك يشترك في المصارعة. وهذه هي الحياة المسيحية. نحن في مباراة مصارعة ولكن ليس مع لحم ودم. يقول بولس إننا لا نصارع بَشراً.

إذاً ماذا نحارب؟

- «**الرُّؤَسَاءِ**» ـ ممالك غير مرئية.
- «**السَّلاَطِينِ**» ـ مجالات السلطة التي تحتلها تلك الممالك الغير مرئية.
- «**وُلاَةِ الْعَالَمِ عَلَى ظُلْمَةِ هَذَا الدَّهْرِ**» ـ أي «ولاة العالم الذين يحكمون هذه الظلمة الحالية».
- «**أَجْنَادِ الشَّرِّ الرُّوحِيَّةِ فِي السَّمَاوِيَّاتِ**» أي «أرواح الشر».

أين أرض المعركة؟ «**فِي السَّمَاوِيَّاتِ**». هذا إعلان كتابي

لا بد أن يعرفه كل مؤمن. توجد مملكة منظمة تقف ضد الله وضد كل مقاصده. إنها مملكة الشيطان. قال يسوع إن إبليس له مملكة وإنه يسيطر عليها بالكامل. هي ليست منقسمة وهي تقف ضد الله.

هذه المملكة مكانها في «**السَّمَاوِيَّاتِ**». يتفق معظم مفسرو الكتاب المقدس أنها ليست السماء الثالثة التي هي مكان سكنى الله وليست السماء الأولى وهي السماء المرئية، لكنها في السماء الثانية أو الوسطى. هناك مملكة غير مرئية فوق مستوى هذا العالم وهي مملكة الظلمة. هي مملكة تقف ضد الله تماماً وهي في كراهية مستمرة لله وكل مقاصده وكل شعبه وهذا يشملنا ـ أنت وأنا. الشيطان يكرهك بكل ما فيه من قوة. هو سيفعل كل ما بوسعه ليؤذيك ويدمرك. هو يأتي ليسرق، ويذبح ويهلك. هو كيان مقتدر جداً.

إنها مهمتنا كمؤمنين أن نهدم هذه المملكة وهذا لن يتم عن طريق الرؤساء أو الجيوش لأن ليس لديهم الأسلحة. لو كانت حرب ضد لحم ودم لكنا أطلقنا الدبابات وعربات السلاح والطائرات الحربية. لكن الدبابات وعربات السلاح والطائرات الحربية لا تجدي لأن هذه المعركة ليست ضد لحم ودم.

كثير من القادة السياسيين وصلوا إلى هذه النتيجة. قد لا

يستخدمون هذه التعبيرات لكن المعاني موجودة لديهم. يتضح تماماً أن المسؤولين في هذا البلد يدركون أنهم يواجهون مشاكل ليس لديهم لها حلول وهذا تماما ما يقوله الكتاب.

إنها ليست مع لحم ودم. قد تقتل النازيين لكنك لا تقتل النازية. قد تقتل أعداداً هائلة من البشر ولكنك لا تقضي على القوات الروحية التي تقف وراءهم. قتل البشر لا يحل المشكلة. يقول بولس في ٢كورنثوس ١٠: ٣- ٥، «**إِنْ كُنَّا نَسْلُكُ فِي الْجَسَدِ، لَسْنَا حَسَبَ الْجَسَدِ نُحَارِبُ**». ـ حربنا ليست في مجال الجسد ولا في المجال الطبيعي ولا هي ضد لحم ودم. «**إِذْ أَسْلِحَةُ مُحَارَبَتِنَا لَيْسَتْ جَسَدِيَّةً**» ـ ليست هي القنابل والمدافع والدبابات، لكنها «**قَادِرَةٌ بِاللَّهِ عَلَى هَدْمِ حُصُونٍ**». وهذا يشير إلى حصون الشيطان.

لاحظ أين هي هذه الحصون! «**هادمينَ ظُنُوناً وَكُلَّ عُلْوٍ يَرْتَفِعُ ضِدَّ مَعْرِفَةِ اللهِ، وَمُسْتَأْسِرِينَ كُلَّ فِكْرٍ إِلَى طَاعَةِ الْمَسِيحِ**». القراءة الأخرى لكلمة «**ظنون**» هي «**حجج أو منطق**». المعركة هي في مجال الذهن: حجج وخيالات وأفكار ومعرفة. لا يمكنك أن تغير اتجاه شخص بأن تقتله لأنه سيذهب بنفس الاتجاه.

في حادثة الماو الماو بشرق أفريقيا، أعدمت السلطات البريطانية بعض قادة الماو ماو بالشنق. أنا أعرف أحد المرسلين

الذي شهد ذلك هناك. قال إنهم ذهبوا للإعدام وهم يرددون «سوف أعود، سوف أعود». لم يكن المحكوم عليه هو الذي يتكلم بل الشيطان الساكن فيه. قد تقتل الرجل بالجسد ولكن الشيطان الذي فيه يعود.

مصارعتنا ليست مع دم ولحم بل على مستوى آخر. لدينا أعداء مختلفون، وأسلحة مختلفة. لكن الأسلحة التي أعطاها لنا الله قادرة! هي لا تُقهر، إذا استخدمناها. إن كنا ننهزم فهذا ليس بسبب نقص في السلاح ولكن إخفاق في استخدامه.

أمثلة من العهد القديم

أريد أن أذكر مثالين من العهد القديم يزيلان الستار عن هذا العالم غير المرئي الذي يحكم ويسيطر على أمور البشر. أنا أؤمن أن العوامل الروحية، تؤثر في أمور العالم والأمور القومية والشخصية بشكل حاسم. لا بد أن نعترف بتأثير الأحداث التاريخية وتأثير العوامل الاجتماعية والاقتصادية. إنها عوامل حقيقية ولكن العنصر المسيطر والمتحكم والقاطع في أمورنا هو العنصر الروحي ولهذا فإن الكنيسة هي الكيان الحاسم في أمور العالم، لأن الكنيسة هي الوحيدة التي تستطيع أن تدخل هذا المجال الروحي وتعمل فيه وهذا منطقي جداً.

الأصحاح ٢٨ من سفر حزقيال يحتوى على أقوى انكشاف للمملكتين: المملكة المرئية وحاكمها الطبيعي البشري والمملكة

الغير مرئية وحاكمها الشيطان. في أول ١٩ آية من الأصحاح، يوجد رثاء وعتاب على شخصين، أحدهما يُدعى «**رَئِيسُ صُورَ**» والآخر «**مَلِكُ صُورَ**». رئيس صور إنسان يَدَّعي إنه الله ولكن الحقيقة إنه إنسان، وكإنسان لا بد أن يموت. لكن ملك صور لا كان ولا هو إنسان، ولا يمكن أن يكون إنسان. ادرس العلامات الواضحة المُمَيِّزة له في الآيات ١٢ إلى ١٨ وستصل إلى النتيجة إنه لا يمكن أن يكون سوى الشيطان ذاته. خلف مملكة صور المرئية برئيسها، توجد مملكة صور الغير مرئية بملكها، حاكم الظلام في العالم، الشيطان. إن الأمور في المملكة الغير مرئية تحدد مسار الأمور في المملكة المرئية. إن الغير مرئي هو الذي يحسم الأمور.

أنا أؤمن أنه خلف كل مملكة وكل أمة وكل مدينة كبيرة، يوجد حاكم غير مرئي. هناك حاكم فوق ولاية فلوريدا، وتوجد أيضاً قوة غير مرئية تتحكم في ميامي. لقد سافرت كثيراً ولاحظت أنه حين تذهب إلى مدن معينة، قد تشعر بوجود القوى الروحية. ليست هي نفسها في كل مرة. كنت في برلين منذ سنتين وكان الجو مشحوناً بالنجاسة والشهوة. المدن الأخرى تقع تحت تأثيرات مختلفة. في شيكاغو الروح المسيطر على المدينة هو روح العنف. في نيو أورليانز السحر. إن كنت حساساً، سوف تشعر بالقوى الغير المرئية التي تسود وتتحكم. لا يمكن أن تتقدم مملكة الله في مكان حتى تُخْضَع هذه

القوى الروحية في الصلاة. حين يحدث ذلك، تتدفق النهضة كسيل في الأمة أو المملكة أو المدينة. يقع العائق الأكبر للنهضة الحقيقية في المجال الغير المرئي.

حدث ذلك بشكل ملموس منذ عدة سنوات في الأرجنتين. ذهب مرسل اسمه ميلر إلى الأرجنتين بخطط كثيرة لعمل الله في تلك الأرض، لكن الله أخذه لأكثر من شهر في كنيسة صغيرة مبنية بالطين وكل ما كان عليه أن يفعله هو أن يصلي. ظل يصلي حتى استسلمت القوى الروحية المسيطرة على الأرجنتين. في هذا البلد الذي تكتسحه الكاثوليكية، فتح الرب معجزياً الطريق لأكبر استاد في المدينة ليأخذه واعظ أمريكي متواضع وغير معروف. بعد نهاية شهر واحد اجتمع ٢٠٠٠٠٠ شخص يومياً ليسمعوا عظة هذا الرجل. إنها واحدة من أكبر النهضات المسجلة في تاريخ الكنيسة وقد جاءت كنتيجة لربط القوى الغير المرئية.

هناك مثال آخر في العهد القديم للقوى الروحية وهو مسجل في الأصحاح العاشر من سفر دانيال. لقد كرس دانيال نفسه للصلاة الحارة لمدة ٢١ يوماً لكي يتدخل الله من أجل شعبه. في نهاية هذه المدة، أتى ملاك برؤيا وكان هذا استجابة لصلاته. قال الملاك لدانيال في أية ١٢، «**مِنَ الْيَوْمِ الأَوَّلِ الَّذِي فِيهِ جَعَلْتَ قَلْبَكَ لِلْفَهْمِ وَلإِذْلاَلِ نَفْسِكَ قُدَّامَ إِلهِكَ سُمِعَ كَلاَمُكَ وَأَنَا أَتَيْتُ لأَجْلِ كَلاَمِكَ**». صلى دانيال لمدة ٢١ يوماً لكن صلاته

سُمعت من اليوم الأول. لماذا كان عليه أن ينتظر ٢١ يوماً كي يرى استجابة؟ في آية ١٣ استطرد الملاك وقال لدانيال السبب، «**رَئِيسُ مَمْلَكَةِ فَارِسَ وَقَفَ مُقَابِلِي وَاحِداً وَعِشْرِينَ يَوْماً وَهُوَذَا مِيخَائِيلُ وَاحِدٌ مِنَ الرُّؤَسَاءِ الأَوَّلِينَ جَاءَ لإِعَانَتِي**». لم يكن «**رَئِيسُ مَمْلَكَةِ فَارِسَ**» إنساناً ولم تقع هذه الأحداث في المجال البشري. لقد أتى ملاك بهذه الرسالة وأعاقه ملاك آخر ثم أتى ميخائيل ـ وهو ملاك أيضاً ـ لكي يعين الملاك الأول. لقد كانت هذه معركة بين الملائكة في السماويات.

لاحظ أن ما حدث على الأرض كان هو ما حدد مجرى سريان الأمور في السماء. هذه حقيقة رائعة. لم يحدث شيئاً حتى بدأ دانيال يصلي، وكانت صلاة دانيال هي التي أنجحت الملاك وليس العكس! دانيال أنجح الملاك! ليت شعب الله يرى أن زمام الأمور في يدنا نحن، ليس حتى في يد الملائكة.

يخبرنا سفر الرؤيا في ١٢: ١١ أن «**هُمْ**» ـ شعب الله على الأرض ـ «**غَلَبُوهُ**» ـ غلبوا الشيطان ـ «**بِدَمِ الْحَمَلِ وَبِكَلِمَةِ شَهَادَتِهِمْ**». نحن الذين نحسم أمور الكون وأنا لا أبالغ في هذا. لو لم يُصلِ دانيال، ما حدث شيء في السماء. كان لا بد أن يصلي لمدة ٢١ يوماً كي تأتي الإستجابة. ماذا أخَّر الإستجابة؟ لم يكن السبب إن دانيال لم يُصل بحسب مشيئة الرب. لم يكن هناك شيء خاطئ في صلاته لكن الشيطان في صورة رئيس مملكة فارس كان هو سبب التأخير.

أحياناً كثيرة لا تنال استجابة لصلاتك وليس هذا بسبب خطأ ما في صلاتك، لكنك لا بد أن تطرد القوى الشريرة أولاً. إن لم تفعل ذلك فلن تنال الإستجابة لصلاتك. لا بد أن تصلي حتى تنال الإستجابة. لا بد أن تتحدى الشيطان لكن كثير من الناس يخافون أن يفعلوا ذلك. إن دخلت في هذا المجال سوف تواجه مشاكل وتجارب لا تصادف المؤمن العادي. القوى الغير مرئية سوف تتجه ضد أي شخص يصلي في اتجاه هؤلاء السلاطين. إذا لم يكن لديك الجرأة والإقدام، لا تشرع في هذا الاتجاه. قد أبدو فظا في قولي هذا ولكني جاد جداً فيما أقول.

في آية ٢٠ بعد الرؤيا، قال الملاك لدانيال، «**هَلْ عَرَفْتَ لِمَاذَا جِئْتُ إِلَيْكَ؟ فَالآنَ أَرْجِعُ وَأُحَارِبُ رَئِيسَ فَارِسَ. فَإِذَا خَرَجْتُ هُوَذَا رَئِيسُ الْيُونَانِ يَأْتِي**» كل هؤلاء ليسوا بشراً. هم حكام شيطانيون يقفون خلف الممالك القديمة. هذه الممالك كانت مهمة لأنها هي التي سيطرت على الأرض المقدسة. أولاً بابل ثم فارس ثم اليونان ثم روما، وكان خلف كل منها رئيس شيطاني كبير. لم يكن زمام الأمر في مجال السماويات بل هنا على الأرض، بصلاة رجل واحد، دانيال.

قال الرب في حزقيال ٢٢: ٣٠ ـ ٣١: «**وَطَلَبْتُ مِنْ بَيْنِهِمْ رَجُلاً يَبْنِي جِدَاراً وَيَقِفُ فِي الثَّغْرِ أَمَامِي عَنِ الأَرْضِ لِكَيْلاَ أَخْرِبَهَا، فَلَمْ أَجِدْ! فَسَكَبْتُ سَخَطِي عَلَيْهِمْ. أَفْنَيْتُهُمْ بِنَارِ غَضَبِي**» قال الرب، «**لو كنت وجدت رجلاً واحداً في الأمة**

كلها، لكنت أنقذتهم». تأمل في هذا، **رجل واحد** كان سوف يغير مسار الأمور بالنسبة لأمة بأكملها. مع هذا لم يوجد رجل واحد مستعد أن يقف في الثغر.

الرب يبحث عن رجل! وحين أقول **رجل**، فأنا أعني رجلاً. حان الوقت كي يتصرف الرجال المؤمنون كرجال. لم توضع القيادة في يد السيدات وأنا لا أقول هذا لأنتقد السيدات، لكن القيادة مسؤولية الرجال. أنا أرى أن الرجال في أمريكا قد تخلوا عن مسؤولياتهم الأساسية ـ كأزواج وكآباء وكقادة روحيين. الرب يبحث عن رجل، **رَجُل يَبْنِي جِدَاراً وَيَقِفُ فِي الثَّغْرِ**. إن لم يجد رجلاً سوف تسير الأمور مثل أمور إسرائيل في العهد القديم. الأمر في يدك! إن كنت لا ترى ذلك، ليفتح الرب عينيك، وإن كنت لا تعترف بمسؤوليتك الشخصية فليهبك الرب أن تتوب.

نبذة عن حياة الكاتب

وُلد ديريك برنس في الهند لأبوين بريطانيَّين. لقد درس اليونانية واللاتينية في اثنين من أشهر المعاهد التعليمية، جامعة إيتون وجامعة كمبريدج. من ١٩٤٠ إلى ١٩٤٩ حصل على الزمالة في جامعة الملك بكمبريدج وتخصص في الفلسفة القديمة والحديثة. لقد درس العبرية والآرامية أيضاً في كل من جامعة كمبريدج والجامعة العبرية في القدس. وبالإضافة إلى ذلك يتحدث ديريك عدداً من اللغات المعاصرة.

في أوائل سنين الحرب العالمية الثانية، بينما كان يخدم مع الجيش البريطاني كمشرف مستشفى، اختبر ديريك برنس لقاء مغير للحياة مع يسوع المسيح. عن هذا اللقاء، كتب ديريك برنس: من هذا اللقاء خرجت بنتيجتين لم أقابل ما يجعلني أتغير من جهتهما.

الأولى هي أن يسوع المسيح حي.

والثانية هي أن الكتاب المقدس صادق، عملي وعصري.

هاتان النتيجتان غيرتا مسار حياتي جذريا وبلا رجعة.

في نهاية الحرب العالمية الثانية، ظل ديريك برنس حيث أرسله الجيش البريطاني ـ في القدس. في زواجه من زوجته الأولى ليديا، أصبح أبا بالتبني لثماني فتيات كن في بيت ليديا للأطفال. شهدت العائلة معاً إعادة قيام دولة إسرائيل في

١٩٤٨. وبينما كان ديريك وليديا في كينيا يعملان كمعلمَيْن، تبنيا ابنتهما التاسعة ـ طفلة أفريقية. توفيت ليديا في عام ١٩٧٥، وفي عام ١٩٧٨ تزوج ديريك روث بيكر. لمدة ٢٠ سنة سافرا معاً في كل أنحاء الدنيا يعلمان الحق الكتابي المعلن ويشاركان الرؤية النبوية في أحداث العالم في ضوء الكتاب المقدس. توفيت روث في ديسمبر ١٩٩٨.

اتجاه ديريك المتجرد من الطائفية والتحيز فتح أبواباً لسماع تعاليمه عند أناس من خلفيات عرقية ودينية مختلفة، وهو معروف دولياً كأحد قادة تفسير الكتاب المعاصرين. يصل برنامجه الإذاعي اليومي، مفاتيح الحياة الناجحة إلى نصف العالم في ١٣ لغة تتضمن الصينية والروسية والعربية والأسبانية.

بعض الكتب الخمسين التي كتبها ديريك برنس قد تُرجمت إلى ٦٠ لغة مختلفة. منذ ١٩٨٩ يوجد تركيز على شرق أوربا ودول الاتحاد المستقلة (الكومنولث والمعروفة بالاتحاد السوفيتي سابقا) ويوجد أكثر من مليون نسخة متداولة بلغات هذه الدول. مدرسة الكتاب المقدس المسجلة على الفيديو لديريك برنس تشكل أساساً لعشرات من مدارس الكتاب الجديدة في هذا الجزء من العالم الذي لم يكن مخدوماً من قبل.

من خلال البرنامج الكرازي العالمي، وزعت خدمة ديريك برنس مئات الألوف من الكتب وأشرطة الكاسيت للرعاة

والقادة في أكثر من ١٢٠ دولة ـ للذين لم يكن لديهم وسيلة للحصول على مادة تعليمية للكتاب أو لم يكن لديهم المقدرة المادية لشرائها.

يوجد المركز الرئيسي الدولي لخدمة ديريك برنس في شارلوت بولاية شمال كارولينا، ويوجد فروع للخدمة في أستراليا وكندا وفرنسا وألمانيا وهولندا ونيوزيلاندا وسنغافورة وجنوب أفريقيا والمملكة المتحدة ويوجد موزعون في دول كثيرة أخرى.